**APREMIANTE DESEO
DE MANANTIAL**

APREMIANTE DESEO
DE MANANTIAL

Obra poética (1977 – 2009)

Elena Iglesias

Copyright © 2012, Eriginal Books LLC

Ilustraciones: Luis Vega, 1983
Diseño y maquetación: Carlos Velázquez
Diseño gráfico de ilustraciones: David Santiago
Diseño de cubierta: Elena Blanco

www.eriginalbooks.com
www.eriginalbooks.net
www.elenaiglesias.net

Primera edición, Península: 1977, Editorial Solar, Washington, D.C.
Primera edición, Mundo de Aire: 1978, Editorial Solar, Washington, D.C.
Primera edición, Campo Raso: 1983, Gutenberg Press, Inc., Coral Gables
Primera edición, Temblor de Luz: 2009, Editorial La Torre de Papel, Coral Gables

Reservados todos los derechos. Ninguna parte de esta publicación puede ser reproducida, distribuida o transmitida, por ninguna forma o medio, incluyendo: fotocopiado, grabación o cualquier otro método electrónico, sin la autorización previa por escrito del autor, excepto en el caso de breves reseñas utilizadas en críticas literarias y ciertos usos no comerciales dispuestos por la Ley de derechos de autor.

All rights reserved.

Impreso en Estados Unidos – Printed in United States.

ISBN-13: 978-1-61370-976-4
Library of Congress Catalog Card Number: 2012951533

ÍNDICE GENERAL

Algo más sobre mi acercamiento
a la poesía de Elena Iglesias   9

Península   11

Mundo de Aire   41

Campo Raso   71

Temblor de Luz   105

Algo más sobre mi acercamiento a la poesía de Elena Iglesias

Elena Iglesias reúne su obra poética bajo el sugerente título *Apremiante deseo de manantial*. Y lo celebra ella y lo celebro yo, porque cuando un poeta encierra en un solo libro todos sus libros lo que realmente hace es algo tan hermoso como apretar en un solo abrazo a todos sus hijos.

Algo de lo que escribí sobre *Temblor de luz*, su más reciente poemario, es válido para esta relectura de su poesía y me complace que lo haya escogido para estas palabras iniciales.

"Todo libro de poesía es confesión, desnudez, entrega; y como eso de desnudarse por dentro es algo tremendo, el poeta —el verdadero poeta, claro— se aferra siempre a sus poemas entre temeroso y feliz de alumbrarlos. Ni más ni menos que la mujer al dar un hijo al mundo.

Elena Iglesias se ha hecho periodista, narradora, crítica de arte, viajera de pie inquieto y mirada abierta...; pero a Elena Iglesias la hicieron mujer, cubana y poeta.

De su autoría son los poemarios *Península* (1977), *Mundo de Aire* (1978, con poemas premiados por la Universidad Católica Andrés Bello de Caracas); *Campo Raso* (1983, fruto del Taller de Poesía del Centro de Estudios Latinoamericanos Rómulo Gallegos de Caracas), y este *Temblor de luz* que me ilumina hoy.

En narrativa ha publicado *Cuenta el Caracol* (1995), donde recrea patakíes de la tradición afrocubana; *Aloni Gabriel y Mariposa / Aloni Gabriel and Butterfly* (2004-2011), bellísimo libro de cuentos infantiles en edición bilingüe; y en inglés, *The Philosophy of my Wandering Cat* (2009); "una biografía espiritual" nos dice Elena y con razón, porque es un delicioso filosofar entre la autora y su alter ego.

No es mi intención hacer un minucioso estudio de la obra poética de Elena Iglesias y por más de una razón: explicar la poesía es robarle su magia y su misterio e intentarlo sería inútil, porque esta poesía ya no es de Elena; es de ustedes y es mía, y a cada uno de nosotros va a decirnos algo distinto."

Amelia del Castillo Martin

PENÍNSULA
1977

A Mina, mi madre

ÍNDICE DE PENINSULA

Testimonio   15
Yo   16
Es   17
De sorpresa   18
Y no   18
Dodecaedro   19
Hoy   20
Muñecos   21
Un golpe clandestino   22
Luces de año nuevo   23
Taumaturgia   *24*
Península   24
Barro original   27
De pronto como un ruido   29
Niña de sol   30
Intento   31
Sobre el encaje roto   31
Fruto de sal   32
Canción   33
Río   34
Pez ciego   35
Fe   35
De frente   36
Llegada   37
Aquel pájaro   38
Siempre tú   39

TESTIMONIO

En el principio era la herida
y la herida estaba junto a mí
amamantando mis lágrimas.
Todo se hizo por ella
y sin ella no existe nada de lo que he hecho.
En ella había vida y muerte
y las tinieblas no la han detenido.
Vengo para dar testimonio de esa herida.
En mi mundo estaba
pues por ella fue hecho mi mundo
y no la reconoció.
Vino a mi propia casa
y me negué a recibirla,
pero a todos los que la han recibido
les ha dado poder para llegar a ser libres
pues ella nació de la carne y de la sangre
para declarar a favor de la luz.
Y la herida se hizo carne
y habitó en mis entrañas
desgarrándome la vida.
En ella todo era amor y dolor.
En ella estaba la plenitud de Dios.
A Dios nadie lo ha visto jamás
sino mi herida
que comparte la intimidad del Padre:
ella me lo dio a conocer.

YO

    Soy
            esfuerzo
imagino ser
            creación
quiero ser
        gota de luz
y brillar
            en Ti
            por Ti
            para Ti
fundida
        en tu Amor

ES

Es lo que Es
no tiene nombre
un color de paz
un olor a sombra
un sabor a canto
un sonido a bruma
un abarcarlo todo
con las mil alas
de los mil pájaros
mágicamente atrapados
por mi corazón

DE SORPRESA

Ese algo
que muerde por los ojos
se va comiendo el aire de mis huesos
descuartiza mi vientre ensangrentado
porque me quiere estéril

Y el alma
cogida de sorpresa
rechina indefensa
entre los dientes

Y NO

Nado y no llego
corro y no alcanzo
lloro y no siento
escribo y no expreso
¡vivo y no muero!

DODECAEDRO

La tarde gris desnuda
una aplastante quietud
la soledad sonora
los tonos del corazón
un desorden de anhelos
la angustia de la inquietud
el pulso de las frustraciones
los estragos de la apatía
lo absurdo de la existencia
el mundo de los sueños
el pequeño roedor
de la esperanza

HOY

Hoy
no hay estrella inaccesible
ni sueño abisal
ni inquietud
con olor a pino nuevo

Hoy
la nieve es sólo hielo
y la lluvia
agua descarriada

Mágicamente
la belleza quedó inmóvil
como una fotografía

Los colores del arcoíris
son de papel lustroso
y el eje
de mi pequeño mundo
gira sobre sí mismo
ruleta inconsciente
de mi juego sin amor

MUÑECOS

Vida
sudor de muerte convulsa
tatuando en la piel
muñecos de tinta
helados de sentido
vacíos de porqués

Como planetas ilusos
giran y gravitan
aparentando vida propia.
Sol bullicio algarabía
se mueven los muñecos
con venas dibujadas
sobreviven y vegetan
un día y otro día
un año y otro año
un siglo y otro siglo

Desnuda
en mi incómodo rincón
espero la hora de los milagros
cuando el agua se convierta en vino
el vino en sangre
la sangre desborde los contornos
y los vuelva carne tibia:
espero que la muerte
engendre vida
un día

UN GOLPE CLANDESTINO

La hora exacta
dada por un frágil reloj
lucha por mantener la cordura

Impecable exterior
de tensa austeridad
oculta
su palpitar de corazones

Un golpe clandestino
descubre y acalla su tristeza

LUCES DE AÑO NUEVO

Ruido a caramelo
pegajoso y herido
ruido a sombra y a viento

Nueces dormidas
se abren a la luna
estrellas de papel
cortan su reflejo

Centelleante violencia
sin destino preciso
con un sueño de luz

La Belleza Inmutable
la mira y Existe
contraste rotundo
entre Ser y no ser

Eterna la una
finita la otra
las dos son hermosas

Una vive un intento
la otra Vive
no más

TAUMATURGIA

A Karin Aldrey

¿Quién me podrá convencer
que los milagros existen?

Los ciegos ven
los sordos oyen
los muertos resucitan
y los pobres…

¡Quién me podrá convencer
que los milagros existen!

PENÍNSULA

Un cuadrado perfecto
dentro de un círculo imperfecto
en mitad de un infinito amorfo
rodeado de amor por todas partes
menos por una

BARRO ORIGINAL

Palabras
palabras
palabras
desvinculadas de vida
abortos de cariño

Palabras
palabras
palabras
con violento escalofrío
despedazan mi cuerpo

¡Cállense todos!
¡Enmudezca el intento!
Deseo apremiante de manantial
mojarme la carne
empaparme los huesos
en verdad
en amor
—sin sonidos—
¡La música ha muerto!
Quiero un amor mudo
incandescente
que no sepa de palabras lacerantes
ni de fe muerta
necesito una vida viva
¡ya no soporto esta muerte!

Ser tan real como el árbol
tan natural como el mar
ser un poco piedra
y un poco arena
ser un pedazo de sal
y una tajada de nube
ser
muda
ciega
sorda
¡pero ser!

Con mis manos moldear mi orgullo
y sentirme sucia de arcilla
barro original
sin mezcla
no quiero porcelana
no
ni cristal
ni luz de piedras
quiero la piedra sin luz
opaca pero verdadera

Estoy hastiada de ansias
y de vuelos

quiero la belleza de mi mano
agarrando mi presente
quiero apretarlo y acariciarlo
estoy tan cansada de mentiras
estoy tan cansada…

DE PRONTO COMO UN RUIDO

Mi Dios es el Dios de los Salmos
el que obra maravillas
en el día de la angustia
el que viene de pronto como un ruido
como una violenta ráfaga de viento
que lo llena todo
hasta las manos vacías
el Dios que me dice:
"¡Levántate y anda!
queda mucho por hacer
remienda tu corazón herido
y sígueme"

A mi Dios lo encontré una vez
sentada al borde del camino
ciega y suplicante
oyendo el paso de la gente
como en Jericó.
Cuando no pude más con mi silencio
empecé a gritar y a gritar
con una fuerza prestada:
"Jesús, hijo de David, ten compasión de mí
¡Señor, que vea!"
Ese día supe
que el origen de la luz
son las tinieblas

NIÑA DE SOL
A Carol Prunhuber

Niña de sol
hecha de entrega y pasión
te abre en flor
la caricia del rocío
te asusta el vuelo
de alas invisibles

Pequeña niña de sol
traes revuelto el corazón
de tanto sentir
de no poder amar
de querer saber

Tu huracán remueve
mis cenizas quietas
despierta
mis brasas calladas
insensata
no toques mi costado
te consumiría su ardor
pobre niña de sol

INTENTO

Si solamente habló
yo puedo hablar

Si solamente dio
yo quiero dar

Si solamente amó
yo intento amar

SOBRE EL ENCAJE ROTO

La hiel se destila
gota a gota
igual que el rocío
trigo y cizaña se confunden
en apretada intimidad

La marea de mi angustia
se desborda en la playa
sombra y sol caminan
sobre el encaje roto
desecho de las aguas

FRUTO DE SAL

La mirada de fuego
no derrite
de mi boca
nacen musarañas
mis dedos hielan
la piel que tocan
hasta el beso que doy
presagia muerte
¿Es mía la culpa o es de ellos?
Quizás de los dos
o de ninguno
Mis lágrimas resbalan
distraídas
mis manos germinan
con su sal

CANCIÓN
A Manny López

Cantando voy...
¿cantando?
llorando voy

Llorando voy...
¿llorando?
riendo voy

Riendo voy...
¿riendo?
pensando voy

Pensando voy...
¿pensando?
¡cantando voy!

RÍO

Sin sentir los guijarros
vuela el río
y en los poros de las piedras
va penetrando su alma.
Tiene prisa
deja su alma y sigue su vuelo
sin volver la vista atrás.
El lecho carnoso
absorbe su aliento
los musgos sutiles
lo quieren atar
pero él vuela más
dejando su muerte
colgada en la orilla

Se desangra el río
sus venas empapan el cauce
mezclado con barro y con viento
pasa de largo.
A pocos interesa su cruzada
nadie sabe a dónde va
y mientras luz y sombra
se estrellan en su cuerpo
el río vuela más

PEZ CIEGO

Diminuto pez ciego
a tientas por la gran ciudad
soñando su mar seco

Jardinero del polvo
lo riega de lágrimas
de aquí para allá
esperando el renacer
de las algas

FE

Yo
que lo he destruido todo
no he podido con la fe
quizás porque no me pertenece

Fe
¡cuánto te odia
mi realidad
y cuánto te ama
mi esperanza!

DE FRENTE

En el hueco de la noche
me veo de frente
túnica sin partes me cobija
calada hasta los huesos
siento frío:
soy orgullo

En el sopor de la mañana
titilan los posibles
fuegos fatuos de los sueños
el día sube escalando corazones
la noria se detiene brevemente
parece que triunfara la sonrisa
–espejismo milenario–
yace muerta
transformada en mueca

En el hueco de la noche
me veo de frente
mi esencia no es de luna:
soy orgullo

LLEGADA

La angustia quedó atrás
atada a la evasión
la inquietud
y el miedo:
llegué a la mayoría de edad
¡basta ya de acariciar el viento!

El barro se hace jarra
la nube su hace hielo
quebradizos los dos
como mi alma:
así lo acepto

AQUEL PÁJARO

Aquel pájaro indefenso
una mariposa rota
o quizá la flor marchita
en el sendero
aquella canción nueva
de la lluvia
o la tierra seca
resbalando entre tus dedos
encendieron poco a poco
el volcán que dormía
hacía años en mi pecho

SIEMPRE TÚ

En el principio eras Tú
y siempre serás Tú
no importa el ropaje
ni el momento

Tú
presente
en el centro de mi vida
en la esperanza nueva
en la alegría marchita

Tú
Fuente Vital
refrescando
mis brazos cansados
un poco indecisos
miedosos de seguir amando

Tú
en la estrella del final
en la oscuridad del camino
en todos mis átomos
en el polvo de mis pies
A pesar de mí misma
en la intimidad de mi nada
siempre Tú

MUNDO DE AIRE
1978

A Hamaliel, mi gran amor

ÍNDICE DE MUNDO DE AIRE

Creo en ti   45
Amor de papel   53
Largo adiós   63

CREO EN TI

I

Una vez
una palabra
un sueño
una eternidad
rumiando fantasías

II

Siempre viva
siempre muerta
arrullando el Misterio
deseando el amor
arrullando
deseando
siempre niña

III

Descansa
alma mía
descansa
el Amor no hace ruido
cuando llega

IV

Si alguna vez me miraras
(pero ya lo has hecho)
si me hablaras con ternura
(pero si lo recuerdo)
si me rozaras siquiera
(pero no es un sueño)
entonces
¡qué más quiero!

V

Estoy estrenando amor
dentro
detrás de ti
cubierto de espejos de luces
naces
te descubres nuevo
me fecundas
para siempre dar

VI

En lo recóndito de mi ser
nace y muere lo imposible
mete tu mano en mi costado
siente el calor del Infinito
quemándose en tus dedos

VII

Saber que existes
que me quieres
no me basta
me desborda

VIII

Y nunca será
porque he nacido
para que nunca sea
y siempre será
porque he vivido
para que así sea

IX

En tu acero
mi imagen de palmera
de un tajo brota a borbotones
el recuerdo

Me vistes de cintas
me vas anudando a tu voz
apagas mi queja

sobre la tierra común
tu presencia mía
engendra palomas

X

Esos ojos tuyos
niño asustado
descubren de pronto
mi verdad
en el fondo de tu asombro

XI

Andar de cabeza
lamiendo tierra
chupando raíces
buscando el sol
donde el sol no existe
tanteando el cielo
en su oscuridad

XII

Antes que no sea
el sueño
antes que termine
el infinito
antes de la verdad
mi mentira
antes de las lágrimas
mucho antes
nuestro amor de papel

XIII

Agárrate a mis huesos
acaricia su dolor seco limpio
sin sangre
siente mis lágrimas frías
tumba abierta
solo aire

XIV

No quiero que pase la vida
quiero quedarme aquí
con este dolor
con este amor inexplicable
y si pasa
lo arrastraré puente abajo

XIV

Tú te has encarnado por mí
sobre la tierra
sombra soy de tu voz
fantasma prisionero
de tu vida

AMOR DE PAPEL

I

Desconfío de tu amor
¡y cómo confiar
en la niebla
de los sueños!

II

Guardas
en tu corazón
invisible palabra
mudo llanto

entierras
vivo el corazón
palabra muda
invisible llanto

III

Que sea
o que no sea
no me importa
me desgarra

IV

Pozo tus ojos
premoniciones
ráfaga helada
lamento de amor
encarcelado

V

El calor lejano de tu cuerpo
me acaricia
tu deseo y el mío
se deshacen
en callado
amor

VI
Soñar conque sueño
sin nunca despertar
llena de ti
mi inexistencia

VII

Asirte a mí
furtivamente
descuido del azar
un segundo
eco eterno
nunca más

VIII

Quieta entre tus dedos
muy quieta me acaricias
desde lejos
desde un rincón perdido
en tu deseo

Quieta me descubres
me hablas de mares gemelos
de ecos iguales

Muy quieta me posees
y siento mi entrega
viva mucho antes

Quieta en tu hombro imposible
sueño

XIX

Voy a decir te amo
hasta llenar de vida
esa palabra hueca

Vas a vivir
todo su sentido
hasta que tu mirada cambie de color
Sólo entonces
dejaré morir en paz
esa palabra

X

Tú eres de papel
yo soy de yeso
me gasto en ti
inútilmente
cada vez más pequeña
más deshecha
de un soplo me deshaces
y tú quedas sin marcas
de papel

XI

Ayer te soñé
junto a mí
por ese largo camino
Ayer te pensé
muy lejos
donde siempre estás
sin el camino
sin mí

XII

Me conformo con la mitad
de perfil tu sombra
esa lejanía tuya sin tiempo
sin afán
muerta una cara
la otra pende de ti

XIII

Ante mis ojos
un adiós
dicho desde siempre
mucho antes
de engendrar
lágrimas

XIV

Tú
el de nunca
dueño del silencio
te marchas
dejando una casi huella
historia de amor
al revés

XV

Un fantasma
todo azul
todo aire

muerto el fantasma
queda
manchado de azul
mi mundo de aire

LARGO ADIOS

I

Fin
triste palabra
me espera siempre
a la vuelta
del amor

II

Cuando te vas
se me abre el alma
de canto
y no brota
ni sangre
ni agua
ni sal

III

En tus ojos la presentí ayer
Estaba seco el jardín
como tus labios

el polvo
opacaba el recuerdo
de otras veces

Estaban secas tus manos
apartando mi imagen
de tu vida

Estaba seco tu cuerpo
vacío del agua
que me inundó por años
quieto en el jardín

Pero tus ojos llegaron tarde
al olvido
trajeron la lluvia

IV

Te fuiste
tras el paso de las nubes
como el pudor de los sueños
con la transparencia
de una mirada atemporal

V

A Antonia Palacios

Después viene el otoño
el frío
el miedo
una soledad más glacial
que oscura
tiemblo

VI

Dibujo en el aire
tu figura
con el dedo indeciso
del recuerdo
ligera serpentina
se enreda en mi memoria
como un juego

VII

Atravieso
la dimensión del olvido
inmensa quietud
Más allá
los otros y mi miedo
un pequeño amor estrujado
y algo así como el dolor
de mis ojos abiertos

VIII

Yo de la vida no sé
la muerte pasó por mi lado
de perfil
y se llevó el verde de mis manos

IX

Día
no llegas ni a gota
para mi sed
mira el hueco de mi mano

X

Tan preocupada estaba
por cincelar mi alma
que me quedé dormida
Dueña de mí otra vez
el mármol no respondía

XI

Flor de pozo
gira y gira
buceando eternidades
deshecha en pétalos
solo queda su fragancia

XII

Un día
voy a meter mis brazos en el mundo
llenarlos de pulseras
tintineantes
multicolores
Un día
voy a ser trivialmente feliz

XIII

Cada gota
se astilla
en mil colores
húmedo arcoíris
de cristal

XIV

Capacidad de volar
eso quiero
y sonreír en el aire
eso espero

XV

Estoy rebasando mis límites
la claridad de afuera
me cerca

envidio su resplandor
con lujuriosa culpabilidad

Mi sombra
encerrada en un círculo
de luz
sigue siendo mi sombra

XVI

Estalla corazón
mil agujas un cuerpo
teje razones y miedos
atrapado en el caos
silencio

XVII

En el aire flotan
invisibles
mudas
secas
las palabras
Paso mi mano por el aire
se me enciende de vida
el corazón

XVII

A Lyll Barceló

Palabra gota
vacío
germen
y confiar
volver a confiar
en la palabra
eternamente

XIX

Misterio
aquí me tienes de nuevo
tocando a tu puerta

Rondé por el mundo
buscando respuestas
y un amor

Mi herida se hizo más honda

Aquí me tienes Misterio
con mi fidelidad rebelde
confiada

CAMPO RASO
1983

A Miriam, Ana María y Pedro, mis hijos

En ningún
sitio
de la tierra
me puedo afincar
Giusseppe Ungaretti

I

Abro mi arca de recuerdos

en el fondo
un olor a viejo
un gusto salado en los sobres

II

Nací devastada
simulando ser
campo de trigo

III

Sé quién soy
mi nombre da vueltas en mi sangre
hasta la náusea

Sé por qué estoy aquí
Me agobia el peso del origen

IV

Desde mi lugar
talado de raíz
de siempre deber
y siempre nunca
crecí
abeja ciega
a la flor

V

A Yolanda Pantin

Encierro en mi puño
los castillos de mi infancia
los golpes de un absurdo adiós

Vano afán
de intimidar al tiempo

VI

Con el regreso de las gaviotas
vuelve
ese mar arado de mi infancia
a vaciarme por dentro

VII

Dejé flotando la mitad de mi vida
sobre un horizonte de isla

el globo de un niño distraído
dobla la esquina de su infancia
sin saberlo

VIII

Ese batir constante de olas
ese eterno retorno de mariposas a la luz
ese sol humillado a las cíclicas sombras

esos recuerdos míos
entre los que me queda
tan poco tiempo de vivir

IX

Me tejo
y me destejo
por años
la vista hundida en el mar

X

Diálogo
concebido en mi delirio
eco
del eterno retorno del mar

XI

Antigua herencia
encorva mi espalda

miro hacia atrás
siembra de sal

XII

Una sola flor
en mi campo de sal
y callaré para siempre

XIII

Por temor de ser
a cada instante lluvia
no quiero para mí
sino campo raso

XIV

Cuando me roza la humedad
presiento que el primer día
está por nacer

XV

Cuando por fin llueva
mis grietas se cerrarán
en su árida costumbre

XVI

Renuncio al manantial
prefiero el agua innombrada
en mi gesto

XVII

Ritualmente
me sumerjo en el mar

buscándome

XVIII

Estática
frente a tantos peces
la mano abierta
en el agua

XIX

Mi realidad
lo que despunta apenas
sobre sequedades y silencios

XX

Resbalaré lejos
de mi balsa de aceite
andaré sin memoria

seré culpable
de encontrarme a mí misma

XXI

Esta multiplicidad

y no reconocerme
en ninguna astilla
del espejo

XXII

Me llevo a la boca
lo vacío y lo lleno

no logra embriagarme la vida

XXIII

Rechazo la copa intacta
con la vieja marca
de mis labios

XXIV

No cualquier sombra
cobija mi sudor

heredera de ausencias
conozco el vacío

XXV

En el epicentro del verano
me conjuran los recuerdos
el ardor de mi tierra requemada

no soy capaz de ver
sino el abismo

XXVI

Vida
¿a qué esa ventolera?
Hace años
tu soplo me apagó

XXVII

Detenida por años en un sitio
la muerte me desvela
insólitos lugares

XXVIII

Abro la puerta
con renovado gesto

no reclamo
mi vacío

me dejo seducir
por la muerte

XXIX

Partir
con mi origen a cuestas
sin nada más por soñar
sin resignarme a la muerte
todavía

XXX

En el pozo
lleno de verde
mi sombra
esparce su miedo

semillero de flores
para el abismo

XXXI

El lento tiempo recorrido
el misterio cada vez más extranjero
mi avidez
nada ha cambiado

XXXII

Cansada de recorrerme por dentro
con la implacable lámpara
de la soledad
clausuré mis caminos

XXXIII

"Ítaca te ha dado el bello viaje.
Sin ella no habrías emprendido el camino.
No tiene otras cosas que darte ya".
Cavafy

Hace años emprendí el retorno
por el eco de las playas
remontando el camino de los peces

hace años encontré la ruta del regreso
hollada por enigmas y señales
hace años me nutro de raíces amargas

Siempre traes a esta sequedad la fragancia
del misterio.
Siempre eres igual
a lo que me sostiene.
Rafael Cadenas

I

Busco Tu lugar
esa tierra hospitalaria
que vuelve inocentes
las pisadas

II

De todos los reinos
escojo tu tierra escasa
Innombrado

III

Cuando ya nada espero
empieza a dibujarse un rostro
en mi sombra

demasiado tarde para salterios

este cuerpo mío
se cerró a cal y canto
del otro lado del mar

IV
A Juan Guerrero

Hablas a mi sequedad
en lengua extraña
roturas mi cuerpo
con mitos
de dioses perdidos
presagios
de cantos antiguos
invaden tus ojos

agrietas mi tierra

me hiere de vida
tu casa

V

Aquí estoy
despojada
inerme
como tú me querías

no dudes ahora
no te defiendas

VI

Tú
tan real
taladras mi quimera

bajo la piel
protejo tu nombre
del aire

VII

Tu rostro de horas
bajo tantos matices
alumbrando

VIII

Sólo piensas en mi
encendida de soles

soy mucho más
reflejo de fuego
en cristal

IX

Nunca pude verme
en tu sereno espejo

le di la espalda
al único resplandor

X

También tu presencia pasará
dejará un recuerdo de castillos y murallas
una gran sombra tendida
en mi vigilia

XI

Se va agotando
esta noche
ajena a la lucidez

nos abandonan sus pájaros
sus aguas profundas
su cansancio

XII

Nunca te extinguirás en mí
aun en mis horas más lúcidas
permaneces intacto
en los resquicios del viento

XIII

El camino
de todos los caminos
me llevará muy lejos de ti
hacia mí misma

XIV

Llévate los recuerdos
no puedo con sus fantasmas
déjame los ruidos oscuros
el cuarto del fondo

XV

Un olor a tiempo
empapa mi cuerpo

me separa de ti
el largo camino

XVI

Te di la espalda
cubrí de pétalos
mis ídolos

ahora duermo

XVII

Cierra la ventana
se está mejor así
añorando claridades

Reza, Señor,
rézanos tú a nosotros,
estamos cerca.
Paul Celan

I

Asisto a la violación de la vida
con las voces de unos pocos
armo mi grito
no me ofrendo

II

Piedra en floración
viento húmedo de peces

es hora

III

La piedra sabe
de otros vuelos

IV

Buscando la arcadia
paso junto a barcos fantasmas

paso y sigo de largo
desoyéndome

V

Dios está herido
arrinconado
mirándome

VI

Detrás
los barcos fugitivos
los mares de espejos

Siempre detrás
la gente en la brisa
olfateando puertos

VII

En la ventana
siempre será lunes
siempre será marzo
aunque la lluvia de flores amarillas
se marchite

VIII

Una vez
quise amasar Luz
no han sanado
mis heridas

IX

Como el retoño en la nieve
confundido de estación
está el hombre en la guerra

X

Más adentro del odio
filtra
un rumor de verde
la piedra

XI

La sombra de los muertos
se extiende bajo mis pies

suya es la sal
el filo de la luz

XII

Cuando aceptes que los muertos
se adueñen de tus ojos
habla de hacer historia

XIII

Atrapada en el polvo de mi siglo
me limpio los ojos
incapaces de penetrar
la memoria futura

XIV

Pausa como de muerte
me golpea de canto la sed

XV

Mi tiempo araña
pretende coser mis párpados
al dibujo de su tela

XVI

Vamos
con nuestra verdad presuntuosa
echando sal
por los caminos

XVII

En un laberinto de espejos
renuncié a todas las medidas

XVIII

A Mario Matas

También esta vez
piensas en Dios
a pesar de toda la lluvia

XIX

En el empedrado lugar
de mis recuerdos
queda espacio
para caer de rodillas

XX

No la palabra

busco el lenguaje blanco
que todos temen

TEMBLOR DE LUZ
2009

A Amelia del Castillo

A la memoria de Dulce María Loynaz
(12/10/1902 - 04/27/1997)
a quien me une su tristeza suave
su deseo de comprender y amar
y ahora estos versos entrelazados

I

Hoy tengo aquí a mis pies un camino de tierra
dura, gris...
Y una prisa turbadora
de andarlo de una vez

Azul y plata. La carta en el mar, con dulce para las lágrimas
   y fe reseca.
...Quiero amar con todo mi corazón, con toda mi alma,
   con todas mis fuerzas...
Azul y plata. La espuma cómplice arrastra el melón lejos
   de la orilla...

Yo iría
esta noche tan larga
a recoger un poco de luz...

En un tiempo olvidado por el miedo, la música me abrió
   las venas con su filo de ternura.
Mi sangre se quedó dormida junto al arrullo
   y ya no fueron sino
frutas a manos llenas y pedazos de calles con olor a pintura fresca.

La abundancia parió una jaula para sinsontes, y fueron
   las horas de fiebre
y la cosecha de luz, de espaldas a la bruja del naranjo.

Pero un día, el pedestal sintió vértigo en las nubes, la noche
   se hizo eterna
y empezó a acercarse la distancia con paso firme, sin prisa.
   Mi niñez quebrada
yacía dispersa en cien prismas y la inseguridad se apoderó del aire:
demasiadas peras para tan solo un olmo.

La ruptura partió en dos el dolor y entre risotadas salvajes
   la rabia pudo más que la agonía.
Escribí un hasta luego de cara a la verdad,
   con el sudor de mis dedos
y me quedé muda para siempre.

Una eternidad después, alguien azul y plata me tomo
   de la mano y me habló
de manantiales profundos, de esculpir la soledad en piedra.
   Pude perdonarme y perdonar. Entendí con los oídos
   lo que mi cuerpo se negaba a comprender
   (pero no hay que hacerle caso a mi cuerpo,
   eterno compañero de salmones, siempre a contracorriente).

Azul y plata. Una inmensa imagen se cruza en mi sendero
   arrastrando en su manto la paz.

Ahora tengo una fuente en el pecho y el camino irreal
   de su sonrisa.

II

Madre, yo quisiera irme...
Madre, yo quisiera irme con el río...
que desafía al desierto
ciego en su intento
poderoso
inútil

Lamer la llaga del río
herido en su vocación de montaña
de no saber como responder
al llamado que lo abrasa

Madre, es frío el desierto
junto al corazón del río
con la frialdad lejana de los sabios

—Entrégate, le dice,
y el río se queda mirándolo
(no sabe que el nombre original del agua
es sacrificio)

En su quietud
un poco de cansancio eterno
de dolor en los huesos
de llanto ancestral
siente una fuerza descomunal
que lo saca de su centro
que le abre el costado con una lanza terrible

Es el sol, que lo atrae desde su reino

Le duele la altura al río
en cada gota de vapor se desangra
la entrega al fin
el principio de la nube

>   *Madre, yo quisiera irme con la nube...*
>   *que rueda preñada por el viento*
>   *escribiendo sus signos en el cielo*
>   *cargada de promesas*

Con la nube, que tiene prisa por morir
por abrirse en dos
para que llueva pan sobre la tierra

>   *Madre, yo quisiera irme con la lluvia...*
>   *que espabila los sueños empolvados*
>   *y los hace brotar como semillas*

Con la lluvia, que parte la fruta con su frío
un frío que no permite a los ojos descansar
los miles de ojos dormidos
que apuestan a la luz sin conocerla
sin saber que ella los parió
para luego irse a dormir debajo de su piel
presintiendo el frío de la lluvia
que un día tendría que venir

>   *Madre, yo quisiera ser la semilla...*
>   *enterrada en un túnel hondo*
>   *hecho sólo para ella desde toda la eternidad*

La semilla, que araña las paredes de ese túnel
asfixiada por su vocación de verde
por su deseo de vivir el arco iris

esa gota de río que se le escapó al sol
para fundar la dinastía de la belleza
el complemento de la nube
el amor

Madre, yo quisiera irme con el amor...

III

Creía yo que todo era sombra;
pero tu olvido es luz,
se siente como una viva luz...

Hay momentos terribles
cuando no te veo
te me escapas del alma y me dejas sola

Parece que te fueras por un agujero negro
hasta el centro de ti mismo
cansado de mi obstinación y rebeldía

En esa cueva primordial donde me dejas
encuentro, tanteando, dos maderos
y empiezo a frotar y a frotar
primero con furia casi sin aliento
después, rendida por el cansancio,
más lentamente, inmutablemente
hasta que las manos desolladas
me llevan más allá de la vida
donde el dolor ya no se siente
y el pensamiento termina por dormirse

De esas maderas ensangrentadas
surge entonces la luz
un fuego intenso que me calcina

Toma las cenizas en tu mano
y verás qué blanca me he vuelto
que transparente
Tengo la transparencia de las cosas rotas
del dolor vencido

El viento te roba ese puñado de ceniza
e incuba en su ser, ardiente todavía,
un hijo
(el huracán es hijo de una muerta
y de la pasión del viento)

Todo lo que quiere es recuperar la luz
para su madre
su madre sal
su madre olvido
muerta en el fondo de una cueva
cuando atizaba dos maderos para hacer luz
para reinventar la luz
que un día la dejó sola
y se fue por el agujero negro
a ocuparse de las cosas de su padre

IV

Voy —río negro— en cruces, en ángulos,
en yo no sé qué retorcimientos de agonía
hacia ti, mar mío, mar ensoñado
en la punta quimérica y fatal
de nuestra distancia

Me han dicho que no
siempre me dicen que no
que tú no existes
que eres un espejismo
el eco de un romanticismo trasnochado
estrella de papel en una noche de poesía

No existes
eso me han dicho
pero mi corazón me repite lo contrario
mientras más lejos estás, más alta su voz

Yo sé, mar mío, que me he bañado en tus aguas
que me has refrescado hasta los tuétanos
porque mis tuétanos son de espuma como mis ojos
y mis huesos son los corales que viven en tu fondo
ese fondo abismal donde se ahogan el tedio y el olvido

Yo conocí tu riqueza
cuando era sirena de piedra y sal
cuando respiré el salvaje viento de tu boca
y se inundaron mis ojos de ti para siempre

Marcada por los siglos de los siglos
una y otra vida pasarán
y los ruidos me dirán en muchas lenguas

que tú no existes
que dónde estás

Una y otra vez bajaré los ojos
para que no vean
el reflejo de los peces en mis lágrimas
Y me quedaré esperando
arrullada por tus olas distantes

V

Sol en el agua y paz.
(Y este deseo mío tan extraño
de irme en todos los barcos que se van.)

Marinera de muchos barcos
de infinitos puertos
eso he sido desde niña
Desde que las mariposas se perdían
en aquel jardín francés de mi infancia
Desde que conocí a mi hada
en el cantero de un centro comercial
El hada que me descubrió los tesoros de mi pecho
y nunca más volví a ver
Desde que jugaba en el patio de los higos
entre los castillos que formaban sus ramas
Un patio inmenso
solo limitado por los conejos y los gatos
Desde que vi el mar por primera vez
y después muchas veces más
siempre distinto
siempre tan igual a mi corazón
A un corazón tan pequeñito
donde casi no cabían las tormentas
que nacían y morían en él
Por eso el mar me regaló la laguna roja
oculta en un bosque de uvas caletas
roja como la sangre —pensaba yo—
y mía sola
No —me respondió—
también de los pájaros
los peces
y los sueños

Vengo de cruzar los siete mares
primero como Honorata
después como las princesas
hadas y corsarios de mis mejores cuentos
He penetrado en todos los árboles
volado con los pájaros
nadado con los peces
He conocido todas las orillas
y por ajenas que fueran
no les he tenido miedo
Para mí
de algún modo
todas han sido hermosas

Mucho después penetré en el corazón del hombre
y creció mi deseo de hacerme un barco
que cruzara sus ojos
Ese deseo mío -tan extraño- se me dio
y vi que todos los corazones eran un solo corazón
que todos los dolores eran un solo dolor
que de alguna manera
ese ir y venir de puertos distintos
me enseñaba a refrescar el desconsuelo
a comprender la alegría

No quiero amarras
quiero navegar por oscuras ensenadas
y puertos abiertos al sol
me guía su reflejo en el agua
el resplandor de su paz

VI

Solo clavándose en la sombra,
chupando gota a gota el jugo vivo de la sombra,
se logra hacer para arriba obra noble y perdurable.

A tientas anda mi alma
a tientas
por un laberinto oscuro
de paredes interminables
y piso de agua

Los ojos
cansados de esperar
reconocen el vacío
el largo
lento
inagotable vacío
el vacío sin prisa
devorador de respuestas
de tiempos
de cuentas mal sacadas
de corazones con reloj
El vacío devorador del fuego
de las entrañas
y por fin de las cadenas
(dicen que de las cadenas por fin)

    ...no se puede ser todo flor..., y el que no ponga el alma de raíz, se seca.

Ya ni siquiera queda la raíz
ni el recuerdo de la sequedad
Es como irse volviendo polvo

y sentir que te soplan de a poquito
hacia un vacío blanco
con olor a naves quemadas
a salto desnudo

No hay eco
no se oye una voz
ni se ve
ni se siente
ni se sabe
Es morir una muerte ajena
por amor
por una promesa de luz

VII

Yo dejo mi palabra en el aire, sin llaves y sin velos.

Cuando nací
me echaron mil llaves a los pies y me dijeron:
—escoge

Yo me quedé con la más pequeña
era de hierro fino
y cabía en el hueco de todos los árboles

Me dijeron: -déjala
aquí hay otras de colores vivos
y hasta una grande de oro

Yo las miré fulgurar
pero mi corazón ya tenía dueño
y me esperaba en el bosque

Fui fiel a esa llave muchos años
hasta que la olvidé por jugar a la odalisca
por la fascinación lujuriosa de los velos
con su promesa de algo más suave
más profundo
más hermoso cada vez

Por la promesa de un palacio al final de las nubes
un palacio que me encontré cerrado
cuando llegué a su puerta un mediodía
un palacio que me hizo recordar mi vieja llave
la que abría todos mis bosques
todos mis verdes

Y regresé al último árbol donde la había olvidado
Allí estaba
sin quejas ni resentimiento
como si el tiempo no hubiera pasado

Pero volví a perderla de regreso al palacio
(eran demasiados los árboles que me invitaban
a pasar la noche)
Hoy camino sin ella
despojada de velos
con mi palabra desnuda
como el día en que nací

VIII

*Pasaste por mi corazón como el temblor de luz
por la colmada red del pescador.*

Y fuiste vida
vida en abundancia

Nunca había parido estrellas
hasta que llegaste tú

Mago de feria
hechicero real
metiste la mano en mi corazón
y te lo llevaste al bolsillo
como un pañuelo dócil
de esos que bordan las abuelas

De tu gran torbellino de conocimientos
me quedé con tu intensidad
con tu saber cómo son las cosas
con tu no dudar
con ese motor interior inagotable
ciento por ciento seguro
de que el cielo es la tierra
y la tierra el cielo
"Las cosas se hacen de la nada
como las hace Dios"
dijiste un día
y pensé que era prepotencia tu certeza
(no me había mirado al espejo todavía)

Mi colmado corazón
no esperaba el temblor de tu luz

y se quedó ciego
como cuando de niña miraba al sol de frente

Los ciegos son rebeldes
y juzgan a diestra y siniestra
nadie más cruel que el cegado por el sol

Me pareciste necio, contradictorio, duro, insensible
era tu armadura la que veía
no la red del pescador

Aunque te proteges con una muralla impenetrable
y tú mismo estás hecho de pedernal
sabe que para la mujer no hay imposibles
cuando tiene en la mano un corazón

Sé quién eres
y cómo eres desde toda la eternidad
te veo desnudo
con la llama en el pecho fulgurando
no me lo propongo
te veo
con estos ojos que de tanto amarte
te rastrean en la oscuridad
muy a pesar de ellos

Soy tan fuerte como tú
y como tú
tengo agazapada la misma necesidad de amar
negándola y negándome...

Semidioses vulnerables
de la nada creamos la tierra prometida
a la que nunca podremos regresar

IX

Era un agua delgada y transparente con sabor a milagro...

Con el apuro del horizonte convertido en manantial
se deslizó por mis dedos cuerpo adentro
y comenzó a navegar cómodamente
por mi paisaje interior

Mis peces oscuros
trabados en laberintos sin sol
abrieron las compuertas
y con su aleteo de plata
hicieron su nido en mi corazón

Agua viva anegada en sangre
vino propicio de transmutación

X

Pienso que la neblina es acaso el aliento de Dios
soplando el alba, empañando el paisaje...

Salí para sentirlo en mis huesos
y un frío intenso rajo mi piel de norte a sur

Ciega de bruma
giré sobre mi misma
de este a oeste
recogiendo los pedazos de mi noria
con el olfato prestado de los lobos

Mi polvo sopló sobre el paisaje
empañando el alba con su luz

XI

No, ya no tendré miedo de la tierra,
que es fuerte y maternal...
No, ya no tendré miedo de la tierra más nunca...

Vivía paseando por el aire
como las pinturas de Chagall
y mis sentidos estaban de más

Para qué los ojos
si la claridad interior me ofrecía un saco de tesoros
como el de los cuentos de Navidad

Para qué el olfato
si en el mundo de la luz no se distinguen los olores
todo es manso e igual

Para qué el gusto
si el rito de comer me quitaba tiempo
de verme con mi pozo
cuando ya sentía su humedad

Para qué el tacto
si la superficie de afuera era tan poco amistosa
tan predecible
cuando era dueña de un universo sin tamaño ni peso ni medidas

Solo el oído me conectaba débilmente con la tierra...

Al paso de los años
los ruidos
los murmullos de la tierra
se fueron confundiendo con los míos

y empecé a construir una escalera por donde bajaba
a veces
a contemplar el sol
a contemplar el mar...

Sin darme mucha cuenta
me brotaron alas
y empecé a vivir una vida rara
sobre un planeta que se había abierto de pronto
a mis pies
sin desearlo

No sabía que traía un destino de tierra
(en el aire no se saben esas cosas
hasta el momento del contagio
después ya es demasiado tarde)

Comencé a arañar las frutas
para que el gusto me revelara
un sentido más allá de la textura
Pegué la cara en la hierba
para oírla germinar
y exploré la espuma
para entender que hay peces más allá de la sal
El tacto me despertó la curiosidad
por el olor de las flores y los pozos negros
de una manera genérica primero
(no se aprende a seleccionar sino después)

Palpé el capricho de los colores y las formas
y me tumbé en la tierra
mareada de vida
buscando la fuerza que nunca tuve

Toqué fondo
y brotaron en manantial las primeras raíces...

Me empapé en las savias calientes y profundas,
sintiendo en derredor la vibración intensa
de millones de vidas borbotando en silencio,
fundida en ese vaho vital que la renueva,
sintiendo la sombra, el fango, el hervor, la humedad...

Y el desenfado de los insectos
subiendo por su tronco
con la confianza de quienes saben
que todos somos familia

Convertida en corteza de ojos enormes
pude ver la piel de las estrellas por primera vez
(no sabía que brillaban por dentro)

Ellas me revelaron que adentro y afuera
son trucos de feria
fáciles de aprender
después de cruzar el desierto del miedo

y las buenas semillas se rompen y se abren camino a la luz...
en tanto late y late su corazón de tierra...

XII

¡Ay qué nadar de alma es este mar!
¡Qué bracear de naufrago y qué hundirse
y hacerse a flote y otra vez hundirse!

Y otra vez... por los siglos de los siglos
con un cansancio tan viejo como las ansias de amar
que se disfraza de sueño
de esperanza
de esfuerzo
el viejo cansancio de los siglos
sin más luz que los ojos de un cocuyo
y las alas de los ángeles...

Y tener que convertir esa pequeña luz en incendio
atravesando toda el agua del mundo
un incendio que cada vez parece más lejano
porque el cansancio lo disfraza de espejismo

> *Y que agarrarse a esta blanda tiniebla, a este vacío*
> *que da vueltas y vueltas... A esta agua negra*
> *que se resbala entre los dedos...*

Y otra vez... por los siglos de los siglos
el cansancio
las ansias de amar
la esperanza...
hasta que en un tiempo sin fecha
olvidas la pequeña luz de los cocuyos
ya no tragas sal ni te duele la ausencia
ya no tienes nada más que dar o que ofrecer

Sumergida en un sueño profundo
permites que te arrastre la corriente...
Olvidada de ti misma
te despierta el calor del incendio

XIII

...pero la playa es siempre para morir.

Nací del mar y regresaré a morir en su playa
por todos los azules de la tierra
Por el azul de mis venas
ajenas al ritmo de los días
Por la paz de sus ojos
donde la verdad se vuelve azul sorpresivamente
Por la luz de mi corazón
que trasmuta en aliento mis carencias
Por la vía azul de las estrellas
que pavimentan mis sueños
Por el dolor del cielo, que es azul...
¿no lo sabías?
y lo vuelve arcoíris
para el barquito de papel y la risa de los niños

Solo muere el mar
cuando se enamora de la mujer de arena
la que se busca en sus manos sin poderse hallar,
que si ella no es de ella, de nadie será

Reincidente milenario
insiste
con el bramido lastimoso
de los que mueren de amor
la besa y el beso se le vuelve sal...
Concha de inquietudes, espuma fugaz,
la mujer que tiene su amor en el mar...

XIV

Siempre, amor... Mas allá de toda fuga,
de toda hiel, de todo pensamiento;
más allá de los hombres
y de la distancia y del tiempo.

Un enjambre de hormigas se compadeció de Alma.
Habían entrado, una tras otra, por su blanca ventana.
Ni joyas, ni placeres, ni celos encontraron allí.
Sólo un gran reguero de semillas en el piso.
Con diligencia, clasificaron los granos
y pusieron en orden su pequeña ofrenda.
Cuando Alma despertó, agradeció el regalo
y volvió con la tarea hecha a la Diosa inflexible,
que por toda respuesta se encogió de hombros.

Alma siguió su camino agreste, buscando desesperadamente
    el Amor.
Subió inhóspitas montañas, lloró en templos insensibles,
se dejó maltratar por la envidia y la venganza.
Sintió muchas veces deseos de morir.
Los dioses le habían dado la espalda.
Pedía demasiado.
Nada menos que el verdadero Amor.
Atrevimiento insólito para una mortal, no importa
    cuan grande su belleza.

Ese tesoro permanece oculto en las sombras,
resguardado por todas las Furias,
que aseguran su entrega sólo a quien atraviese sus fauces
sin temor a enfrentar su destino,
dispuesto a evadir a los sabuesos de la noche,

cerrando sus oídos a los cantos de sirena
y pagando el rescate con el oro de su corazón.

"Hay que merecer el Amor" dice el Eco de las cumbres.
¿Pero cómo, si soy de tierra y la flaqueza es médula de mis huesos?
Si cuando he visto la Gran Puerta, despedazados los pies
    y las manos,
el guijarro más humilde me hace tropezar y caer.
Y vuelvo al insondable pozo, al ahogo, a la desesperanza, al horror.

Cuántos desaciertos milenarios se enredarán en mi cadena
    de seda;
cuántos cofres prohibidos habrá abierto mi infantil curiosidad;
cuántas lámparas habré acercado al espejismo.
Qué largo el camino, qué incierto;
qué desamparo ancestral este de no saber por qué no
    y por dónde sí.

El Alma se entrega sin reservas, pero no puede cumplir
    su vocación divina
porque el polvo es polvo y la ceniza vuelve a la ceniza
ante la sonrisa despiadada de la Diosa.

A ciegas, sin desfallecer, se arrastra por los fríos salones de la vida,
tanteando fantasmas por milagros, hasta la hora de la ambrosía,
cuando la Diosa, aburrida de su juego, cierra los ojos
y la deja parir a Felicidad.

XV

*Dices que amor es apretarse a la cruz y clavarse a la cruz,
y morir y resucitar...*

Pero hoy el sol ha abierto mis ojos
dormidos hace años
y quiero un amor amable
de plenitud de árbol y música de agua
Un amor de Blanca Nieves
después de todas las brujas y todos los bosques

Vengo de desenredar marañas
en caminos de tiniebla
y quiero un amor de alba y de sonrisa
que me llene los poros de alegría

Sé que *amor es amar desde la raíz negra*
pero agota el sudor de cada día
Amor también es manantial
y la dulzura de una tarde llena de luz
entre mariposas y pájaros

Amor es un vaso de agua
en la inmensidad del desierto
cada vez más germinal
Amor es la llave que abre la fuente de la esquina
para que todos calmen su sed
(Pero antes hay que refrescarse en un lago cristalino
egoístamente acogedor)

Amor es reconocer tu sangre
comprenderla y rendirle pleitesía

para luego avanzar hacia amores más complejos
menos suyos
más del alma
Sangre y alma en armonía

¡Amor es resucitar!

XVI

*Y cuando el río quiso volverse
a la piedra tibia...
de donde había salido,
ya era tarde...*

Miedo al vacío
al aullido de la noche
miedo a las ventanas abiertas de par en par
al universo sin cascarón ni agarraderas
Tentación de volver atrás
de nunca haberse ido
de la sombra húmeda y dulce de la piedra

Es tan posible lo posible
que asusta cuando se le tiene enfrente
como el amor de la vida
cuando aparece de bruces
en la esquina de cualquier día

Estás hecho para el sueño
y para atravesar las cámaras veladas
pero le has cortado las alas a tu vocación de dios
y no te atreves a reclamar la herencia
pequeño Prometeo timorato

Entonces te cubres de arena hasta la nariz
y oyes las olas sin moverte
como esperando convertirte en mar
sin primero hacerte amigo de los peces

No hay vuelta atrás
no hay regreso cuando se ha probado
la fruta prohibida
No mates el tiempo con luces fatuas
eso solo alarga el camino

Te puedes aturdir
distraer
empecinar
pero al final te sigue esperando el mismo sendero
sin disminuir un ápice
la distancia que lo separa de tu corazón

XVII

No llores por tu perla, Perdedor
Yo te la buscaré hora tras hora
guijarro tras guijarro y flor tras flor.

Me queman los restos de un oro antiguo
del héroe mítico
que quiso robarle el fuego a los dioses

Su sombra se hace en mí
según la claridad del desierto

Dime, Señor, de forma que lo entienda,
¿qué hago yo en esta hora,
en pie sobre la tierra
con mi desesperada esperanza?

No pido un dios para mi noche oscura
sólo una gota de miel
para los que se han atrevido a volar

XVIII

Es inútil querer dar un cauce a mi amor

Se presenta dondequiera
a cualquier hora del día o de la noche

Se disfraza de religiones
de filosofías
de soledades y compasiones
pero yo lo reconozco: es el mismo de la primera flor

El único Amor que no me deja en paz
sin desvelarme por completo el rostro
el Amor de mis días más quietos
el que vive en el fuego de la angustia
en la desesperación de la ceguera
en la impaciencia de cada vez

Para mí no existe más libertad que amarlo
que seguirlo a tientas
que intuirlo
para después sentirme muy sola
perdida en la sequedad

Pero ya no me asusta
lo espero tendida en un bosque
de brisa y hierbabuena
Y cuando el enano que alquila mi cabeza
intenta alzar la voz
no me preocupo ya
él se cansa más rápido que yo
porque su interés es pasajero
(no sabe lo que es estar enamorado)

Mientras menos comprendo sus caminos
más crece en mi alma el sentimiento
No tengo remedio
soy la loca
la que enterraron viva de Amor un nuevo día

XIX

Mi tristeza es suave como un claro de luna:
Ni queja ni temor has de encontrar en ella nunca.

Vieja amiga
llega de siglos anteriores
con su carga de olores agudos
señora de las flores tibias
de los domingos vacíos
del alma en vilo al costado de la luna

La otra cara de mi sonrisa cuenta historias
de soles azules
y barcos de plata
  mientras desnuda sus tatuajes de templos perdidos
y cuevas profundas

La huelo en la más diminuta flor
en el animal que pasa rozándome en la sombra
los más sabios la leen en mis ojos
cuando la quietud adivina los caminos por andar

Quizás extraño la reverencia
el vuelo cotidiano a las estrellas
la visita a los salones de la tierra

Quizás me sobra la vida y me falta el amor
como a Sati
que en toda la majestad de su montaña
llamaba a Shiva desde su corazón

26,000 años de vuelta por los mundos
de raza en raza
de sexo en sexo
de plano en plano

Ni queja ni temor has de encontrar en ella nunca.

26,000 años

XX

Dame valiente el corazón, segura
la mano, el pie incansable y el amor...
Bien vendría
ahora un poco de serenidad
y otro poco de fe!... Me quedo tan sombría,
tan callada a veces...

Una fuente de luz se derrama por mis poros
Mi Gran Fuente Desconocida
no sé de dónde viene
pero sé que va desde los hombres
hacia la brizna más olvidada de la tierra

Abro los brazos y mis venas se convierten en mar
en refrescante mar de fin de semana
donde la gente va a lavar su afán de cada día
y a enterrar sus dolores en la arena

Incansable amor de una inagotable Fuente
que sólo conozco por sus frutos
Que irrumpe en mi ser callado
y le devuelve la serenidad a mis horas sombrías

Extraño amor que rompe el dique de mi lejanía
y me hace entender la armonía de lo inarmonioso...
de las cosas feas...
Amor que me enseña a estar aquí
compartiendo las rutinas más tediosas
limpiando pacientemente el veneno de los dardos
el llanto de la tierra
amor que me descubre el secreto de Penélope

*Y mi sonrisa sea fuente,
y flor, y ala, y venda... ¡Y sonrisa!...*

Tal vez en el recodo de algún año
bajo la sombra de algún árbol misericordioso
sorprenda el reflejo de la Fuente en mi sudor

EPÍLOGO DIFERENTE

Cuando vayamos al mar
yo te diré mi secreto:
Me envuelve, pero no es ola...
Me amarga... pero no es sal...

Para llegar a mi mar tengo que pasar por una cadena
   de desamparados,
por un mundo hecho de mármol y suciedad.
Mi mar está después de la violencia y la desesperación de cada día.
Tengo que caminar mucho para llegar hasta él,
por un laberinto de gritos, risas y velocidad.

Mi mar está después de lo cotidiano
Después de miles de cabezas que le hablan a Dios
   en su media lengua infantil.
Se adivina más verde entre la suciedad y lo oscuro.
Y es la eterna sorpresa, porque es allí donde está mi mar,
   donde lo encuentro.

Me espera en su sitio, como un novio inventado
para colmar mis horas más suaves, como de lluvia fina.
Un novio fiel, con un ramo de espumas distinto cada vez
y la cara de todos los hombres del mundo.

Llego a él con tanta sed, que me entrego sin saludarlo,
   sin siquiera mirarlo.
Otras, me acerco muy despacio, como a la cuna de un niño,
   y me quedo mirándolo, mirándolo...

Siempre me recibe con un nuevo azul,
con el espejo donde se miran todos los surcos de la tierra,
aun antes de haber nacido en la mente del Sembrador.

A veces el mar me regala colores, tantos, que no se pueden contar
como los detalles de un sueño...
Solo me llevo la sensación de inmensa belleza en cada gota
   suya en mi,
en su arrullo, su latido incesante.
Lo demás se queda allí,
para vestirse de otra cosa la próxima vez.

Es el novio fiel que no puede acompañarme en mi viaje,
pero que espera mi regreso para que le cuente
cómo son la montaña y el fuego.

Con mi mar he descubierto que la pasión es blanca
y no roja como dicen los libros.
Blanca y salada y se encrespa como el encaje de una novia
plantada ante el altar

Es el único poder sobre la tierra
capaz de llevarse mi alma al abismo,
al reino de la sabiduría.

Sé que mi vida no duraría un segundo si me entregara
   a su furia primigenia,
pero a cambio me volvería eterna como la estatua de sal.

En ese fondo de volcán azul se cocinan las estrellas
   a temperaturas límites
y se vuelven lo que son cuando se las mira de cerca: piedras.

De todas las formas en que vienen las almas,
porque las almas tienen tamaños distintos y superficies diferentes
según los dedos que las tocan, como las piedras del mar.

Los caracoles son otra cosa; son los seres vanidosos
   de ese imperio,
en eterna competencia de esplendor.
El mar los regala a cuenta gota para que su hermosura
   no nos ciegue.
(El destello de un caracol es tan peligroso como el de una estrella).

Del Misterio no se habla.
La verdad es negra, profundamente negra
   como la cara de Olocun;
no blanca ni transparente como dicen los libros.
Para sumergirse en ella se requiere todo el valor que durante siglos
van depositando los peces en su tierra oscura.

¿O pensabas que era por gusto el tono plateado de los peces?
Es la piel que les regala el Misterio cuando se quedan desnudos.
Es la misma piel que cubre al mar cuando reflexiona.

En los días de lluvia larga, interminable,
el mar llora por las incomprensiones de la tierra,
después que los hombres se las tiran en la orilla,
junto a las latas apretadas con rabia.

Son los días que el mar escoge para bañarse, para limpiarse
   de algas
y abrirse de nuevo, como el novio fiel, siempre a la espera
   de la inocencia,
con un ramo de espumas en los pies.

Sobre la autora

Elena Iglesias, periodista independiente, es autora de cuatro poemarios: *Península* (1977); *Mundo de Aire* (1978), con poemas premiados por la Universidad Católica Andrés Bello de Caracas; *Campo Raso* (1983), fruto del Taller de Poesía del Centro de Estudios Latinoamericanos Rómulo Gallegos de Caracas; y *Temblor de Luz* (2009), dedicado a Dulce María Loynaz. Es además autora de *Cuenta el Caracol* (1995), recreación de patakíes de la tradición afrocubana; dos libros de cuentos infantiles, *Aloni Gabriel y Mariposa /Aloni Gabriel and Butterfly* (2004, 2005, 2009 y 2011) y *Who am I Butterfly?* (2011). *The Philosophy of My Wandering Cat* del 2009, es un libro de fábulas. Elena nació en Cuba y vive en Miami.

www.ingramcontent.com/pod-product-compliance
Lightning Source LLC
Chambersburg PA
CBHW031357040426
42444CB00005B/326